卞尺丹几乙し丹卞と

Translated Language Learning

L'Usignolo e la Rosa

The Nightingale and The Rose
Oscar Wilde

Italiano / English

Copyright © 2023 Tranzlaty
All rights reserved
ISBN: 978-1-83566-003-4

Original text by Oscar Wilde
The Nightingale and the Rose
Written in 1888 in English

www.tranzlaty.com

L'Usignolo e la rosa
The Nightingale and The Rose

"Ha detto che avrebbe ballato con me se avessi portato le sue rose rosse"
"She said that she would dance with me if I brought her red roses"
"ma in tutto il mio giardino non c'è una rosa rossa" gridò il giovane studente
"but in all my garden there is no red rose" cried the young Student
Dal suo nido nel leccio l'usignolo lo udì
from her nest in the holm-oak tree the nightingale heard him
e guardò attraverso le foglie, e si meravigliò
and she looked out through the leaves, and wondered

"Nessuna rosa rossa in tutto il mio giardino!" gridò.
"No red rose in all my garden!" he cried
e i suoi bellissimi occhi pieni di lacrime
and his beautiful eyes filled with tears
"Da quali piccole cose dipende la felicità!"
"On what little things does happiness depend!"
"Ho letto tutto ciò che i saggi hanno scritto"
"I have read all that the wise men have written"
'Tutti i segreti della filosofia sono miei'
"all the secrets of philosophy are mine"
"Eppure per mancanza di una rosa rossa la mia vita è resa miserabile"
"yet for want of a red rose my life is made wretched"

"Ecco finalmente un vero amante" disse l'usignolo.

"Here at last is a true lover" said the nightingale
"Notte dopo notte ho cantato di lui, anche se non lo conoscevo"
"Night after night have I sung of him, though I knew him not"
"Notte dopo notte ho raccontato la sua storia alle stelle"
"Night after night have I told his story to the stars"
'e ora lo vedo'
"and now I see him"

"I suoi capelli sono scuri come il fiore di giacinto"
"His hair is as dark as the hyacinth-blossom"
"E le sue labbra sono rosse come la rosa del suo desiderio"
"and his lips are as red as the rose of his desire"
'ma la passione ha reso il suo volto come avorio pallido'
"but passion has made his face like pale Ivory"
'E il dolore ha posto il suo sigillo sulla sua fronte'
"and sorrow has set her seal upon his brow"

"Il principe ha organizzato un ballo domani" disse il giovane studente
"The Prince has organized a ball tomorrow" said the young student
'E il mio amore sarà lì'
"and my love will be there"
"Se le porto una rosa rossa, ballerà con me"
"If I bring her a red rose, she will dance with me"
"Se le porto una rosa rossa, la terrò tra le mie braccia"
"If I bring her a red rose, I will hold her in my arms"
'E lei appoggerà la testa sulla mia spalla'

"and she will lean her head upon my shoulder"
'e la sua mano sarà stretta nella mia'
"and her hand will be clasped in mine"

'Ma non c'è nessuna rosa rossa nel mio giardino'
"But there is no red rose in my garden"
'così mi siederò solo'
"so I will sit lonely"
'E lei mi supererà'
"and she will go past me"
'Non mi ascolterà'
"She will have no heed of me"
'E il mio cuore si spezzerà'
"and my heart will break"

"Ecco davvero il vero amante" disse l'usignolo.
"Here indeed is the true lover" said the nightingale
'Quello che canto di lui soffre'
"What I sing of he suffers"
"Ciò che è gioia per me è dolore per lui"
"what is joy to me is pain to him"
'Sicuramente l'amore è una cosa meravigliosa'
"Surely love is a wonderful thing"
"L'amore è più prezioso degli smeraldi"
"love is more precious than emeralds"

"E l'amore è più caro degli opali fini"
"and love is dearer than fine opals"
"Perle e melograni non possono comprare l'amore"
"Pearls and pomegranates cannot buy love"
"Né l'amore si vende sul mercato"

"nor is love sold in the market-place"
"L'amore non può essere comprato dai commercianti"
"love can not be bought from merchants"
"Né l'amore può essere pesato su una bilancia per l'oro"
"nor can love be weighed on a balance for gold"

"I musicisti siederanno nella loro galleria" ha detto il giovane studente
"The musicians will sit in their gallery" said the young student
"e suoneranno sui loro strumenti a corda"
"and they will play upon their stringed instruments"
'E il mio amore danzerà al suono dell'arpa'
"and my love will dance to the sound of the harp"
'E lei danzerà al suono del violino'
"and she will dance to the sound of the violin"
"Ballerà così leggermente che i suoi piedi non toccheranno il pavimento"
"She will dance so lightly her feet won"t touch the floor"

'E i cortigiani si accalcano intorno a lei'
"and the courtiers will throng round her"
'Ma lei non ballerà con me'
"but she will not dance with me"
'perché non ho una rosa rossa da darle'
"because I have no red rose to give her"
si gettò sull'erba
he flung himself down on the grass
e seppellì la faccia tra le mani e pianse
and he buried his face in his hands and wept

"Perché piange?" chiese una piccola lucertola verde
"Why is he weeping?" asked a little Green Lizard
mentre correva con la coda in aria
while he ran past with his tail in the air
"Perché davvero?" disse una farfalla.
"Why indeed?" said a Butterfly
mentre svolazzava dopo un raggio di sole
while he was fluttering about after a sunbeam
"Perché davvero?" sussurrò una margherita al suo vicino con voce dolce e bassa.
"Why indeed?" whispered a daisy to his neighbour in a soft, low voice

"Sta piangendo per una rosa rossa" disse l'usignolo.
"He is weeping for a red rose" said the nightingale
"Per una rosa rossa!?" esclamarono
"For a red rose!?" they exclaimed
'Che ridicolo!'
"how very ridiculous!"
e la piccola Lucertola, che era un po' cinica, rise a crepapelle.
and the little Lizard, who was something of a cynic, laughed outright

Ma l'usignolo capì il segreto del dolore dello studente
But the nightingale understood the secret of the student"s sorrow
e sedeva silenziosa nella quercia
and she sat silent in the oak-tree
e pensò al mistero dell'amore
and she thought about the mystery of love

All'improvviso allargò le sue ali marroni
Suddenly she spread her brown wings
e lei si librò in aria
and she soared into the air

Passò attraverso il boschetto come un'ombra
She passed through the grove like a shadow
e come un'ombra attraversò il giardino
and like a shadow she sailed across the garden
Al centro del giardino c'era un bellissimo roseto
In the centre of the garden was a beautiful rose-tree
e quando vide l'albero di rose, volò verso di esso
and when she saw the rose-tree, she flew over to it
e si appollaiò su un ramoscello
and she perched upon a twig

"Dammi una rosa rossa" gridò
"Give me a red rose" she cried
'dammi una rosa rossa e ti canterò la mia canzone più dolce'
"give me a red rose and I will sing you my sweetest song"
Ma l'Albero scosse la testa
But the Tree shook its head
"Le mie rose sono bianche" rispose l'albero di rose
"My roses are white" the rose-tree answered

'Bianca come la schiuma del mare'
"as white as the foam of the sea"
'e più bianca della neve sulla montagna'
"and whiter than the snow upon the mountain"

"Ma vai da mio fratello che cresce intorno alla vecchia meridiana"
"But go to my brother who grows round the old sun-dial"
'Forse ti darà quello che vuoi'
"perhaps he will give you what you want"

Così l'usignolo volò da suo fratello
So the nightingale flew over to his brother
L'albero di rose che cresce intorno alla vecchia meridiana
the rose-tree growing round the old sun-dial
"Dammi una rosa rossa" gridò
"Give me a red rose" she cried
'dammi una rosa rossa e ti canterò la mia canzone più dolce'
"give me a red rose and I will sing you my sweetest song"
Ma il roseto scosse la testa
But the rose-tree shook its head
"Le mie rose sono gialle" rispose l'albero di rose
"My roses are yellow" the rose-tree answered

"Gialli come i capelli di una sirena"
"as yellow as the hair of a mermaid"
'e più gialle del narciso che fiorisce nel prato'
"and yellower than the daffodil that blooms in the meadow"
'Prima che il tosaerba arrivi con la sua falce'
"before the mower comes with his scythe"
"Ma vai da mio fratello che cresce sotto la finestra dello studente"
"but go to my brother who grows beneath the student"s window"

'E forse ti darà quello che vuoi'
"and perhaps he will give you what you want"

Così l'usignolo volò da suo fratello
So the nightingale flew over to his brother
L'albero di rose che cresce sotto la finestra dello studente
the rose-tree growing beneath the student"s window
"Dammi una rosa rossa" gridò
"give me a red rose" she cried
'dammi una rosa rossa e ti canterò la mia canzone più dolce'
"give me a red rose and I will sing you my sweetest song"
Ma il roseto scosse la testa
But the rose-tree shook its head

"Le mie rose sono rosse" rispose l'albero di rose
"My roses are red" the rose-tree answered
'Rosso come i piedi della colomba'
"as red as the feet of the dove"
'e più rosso dei grandi fan del corallo'
"and redder than the great fans of coral"
"I coralli che ondeggiano nell'oceano-caverna"
"the corals that sway in the ocean-cavern"

'Ma l'inverno mi ha raffreddato le vene'
"But the winter has chilled my veins"
'E il gelo mi ha stroncato i boccioli'
"and the frost has nipped my buds"
'E la tempesta ha spezzato i miei rami'
"and the storm has broken my branches"

"e quest'anno non avrò rose"
"and I shall have no roses at all this year"

"Una rosa rossa è tutto ciò che voglio" gridò l'usignolo
"One red rose is all I want" cried the nightingale
"Non c'è modo di ottenerlo?"
"Is there no way by which I can get it?"
"C'è un modo" rispose il roseto"
"There is a way" answered the rose-tree"
"ma è così terribile che non oso dirtelo"
"but it is so terrible that I dare not tell you"
"Dimmelo" disse l'usignolo
"Tell it to me" said the nightingale
'Non ho paura'
"I am not afraid"

"Se vuoi una rosa rossa" disse l'albero di rose
"If you want a red rose" said the rose-tree
'Se vuoi una rosa rossa devi costruire la rosa con la musica'
"if you want a red rose you must build the rose out of music"
'Mentre la luce della luna splende su di te'
"while the moonlight shines upon you"
"E devi macchiare la rosa con il sangue del tuo cuore"
"and you must stain the rose with your own heart"s blood"

'Devi cantarmi con il petto contro una spina'
"You must sing to me with your breast against a thorn"
'Tutta la notte devi cantare per me'
"All night long you must sing to me"

'La spina deve trafiggere il tuo cuore'
"the thorn must pierce your heart"
"La tua linfa vitale deve scorrere nelle mie vene"
"your life-blood must flow into my veins"
"E la tua linfa vitale deve diventare mia"
"and your life-blood must become my own"

"La morte è un prezzo alto da pagare per una rosa rossa" gridò l'usignolo.
"Death is a high price to pay for a red rose" cried the nightingale
'La vita è molto cara a tutti'
"life is very dear to all"
'È piacevole sedersi nel verde del bosco'
"It is pleasant to sit in the green wood"
'È bello guardare il sole nel suo carro d'oro'
"it is nice to watch the sun in his chariot of gold"
'Ed è bello guardare la luna nel suo carro di perle'
"and it is nice to watch the moon in her chariot of pearl"

'Dolce è il profumo del biancospino'
"sweet is the scent of the hawthorn"
"Dolci sono le campanule che si nascondono nella valle"
"sweet are the bluebells that hide in the valley"
'E dolce è l'erica che soffia sulla collina'
"and sweet is the heather that blows on the hill"
"Eppure l'amore è meglio della vita"
"Yet love is better than life"

"E qual è il cuore di un uccello rispetto al cuore di un uomo?"

"and what is the heart of a bird compared to the heart of a man?"
Così allargò le sue ali marroni per il volo
So she spread her brown wings for flight
e lei si librò in aria
and she soared into the air
Ha spazzato il giardino come un'ombra
She swept over the garden like a shadow
e come un'ombra navigò attraverso il boschetto
and like a shadow she sailed through the grove

Il giovane studente era ancora sdraiato in giardino
The young Student was still lying in the garden
e le sue lacrime non erano ancora asciutte nei suoi bellissimi occhi
and his tears were not yet dry in his beautiful eyes
"Sii felice" gridò l'usignolo
"Be happy" cried the nightingale
'Avrai la tua rosa rossa'
"you shall have your red rose"
'Farò la tua rosa con la musica'
"I will make your rose out of music"
'Mentre la luce della luna splende su di me'
"while the moonlight shines upon me"

"E macchierò la tua rosa con il sangue del mio cuore"
"and I will stain your rose with my own heart"s blood"
"Tutto ciò che ti chiedo in cambio è che tu sia un vero amante"
"All that I ask of you in return is that you will be a true lover"

"perché l'amore è più saggio della filosofia, anche se è saggia"
"because love is wiser than Philosophy, though she is wise"
"E l'amore è più potente del potere, sebbene egli sia potente"
"and love is mightier than power, though he is mighty"

'Fiamme sono le sue ali'
"flame-coloured are his wings"
'e colorato come fiamma è il suo corpo'
"and coloured like flame is his body"
'Le sue labbra sono dolci come il miele'
"His lips are as sweet as honey"
'e il suo respiro è come l'incenso'
"and his breath is like frankincense"

Lo studente alzò lo sguardo dall'erba
The Student looked up from the grass
e ascoltò l'usignolo
and he listened to the nightingale
ma non riusciva a capire quello che stava dicendo
but he could not understand what she was saying
perché sapeva solo quello che aveva letto nei libri
because he only knew what he had read in books
Ma la quercia capì, ed egli si sentì triste
But the Oak-tree understood, and he felt sad

Era molto affezionato al piccolo usignolo
he was very fond of the little nightingale
perché aveva costruito il suo nido tra i suoi rami
because she had built her nest in his branches

"Canta un'ultima canzone per me" sussurrò
"Sing one last song for me" he whispered
"Mi sentirò molto solo quando te ne sarai andato"
"I shall feel very lonely when you are gone"
Così l'usignolo cantò alla quercia
So the nightingale sang to the Oak-tree
e la sua voce era come l'acqua che gorgogliava da un vaso d'argento
and her voice was like water bubbling from a silver jar

Quando ebbe finito la sua canzone la studentessa si alzò
When she had finished her song the student got up
e tirò fuori un quaderno
and he pulled out a note-book
e trovò una matita di piombo in tasca
and he found a lead-pencil in his pocket
"Ha forma" disse a se stesso.
"She has form" he said to himself
"Che abbia forma non può essere negato a lei"
"that she has form cannot be denied to her"
"Ma ha sentimento?"
"but does she have feeling?"
"Temo che non abbia sentimento"
"I am afraid she has no feeling"

"In effetti, è come la maggior parte degli artisti"
"In fact, she is like most artists"
'Lei è tutta stile, senza alcuna sincerità'
"she is all style, without any sincerity"
"Non si sacrificherebbe per gli altri"
"She would not sacrifice herself for others"

"Pensa solo alla musica"
"She thinks merely of music"
"E tutti sanno che le arti sono egoiste"
"and everybody knows that the arts are selfish"

"Tuttavia, bisogna ammettere che ha delle belle note"
"Still, it must be admitted that she has some beautiful notes"
"È un peccato che la sua canzone non signifchi nulla"
"it"s a pity her song does not mean anything"
"Ed è un peccato che la sua canzone non sia utile"
"and it"s a pity her song is not useful"
E andò nella sua stanza
And he went into his room
e si sdraiò sul suo piccolo letto di pallet
and he lay down on his little pallet-bed
e cominciò a pensare al suo amore fino a quando non si addormentò
and he began to think of his love until he fell asleep

E quando la luna splendeva nei cieli l'usignolo volò verso l'albero delle rose
And when the moon shone in the heavens the nightingale flew to the Rose-tree
e mise il petto contro la spina
and she set her breast against the thorn
Per tutta la notte cantò con il petto contro la spina
All night long she sang with her breast against the thorn
e la fredda Luna di cristallo si chinò e ascoltò
and the cold crystal Moon leaned down and listened
Per tutta la notte ha cantato
All night long she sang

e la spina andò sempre più in profondità nel suo petto
and the thorn went deeper and deeper into her breast
e la sua linfa vitale si allontanò da lei
and her life-blood ebbed away from her

Prima ha cantato della nascita dell'amore nel cuore di un ragazzo e di una ragazza
First she sang of the birth of love in the heart of a boy and a girl
E sul ramo più alto del roseto sbocciò una rosa meravigliosa
And on the topmost branch of the rose-tree there blossomed a marvellous rose
petalo seguì petalo, come canzone seguì canzone
petal followed petal, as song followed song
All'inizio la rosa era ancora pallida
At first the rose was still pale

pallido come la nebbia che incombe sul fiume
as pale as the mist that hangs over the river
pallido come i piedi del mattino
as pale as the feet of the morning
e d'argento come le ali dell'alba
and as silver as the wings of dawn
Come pallida l'ombra di una rosa in uno specchio d'argento
As pale the shadow of a rose in a mirror of silver
pallido come l'ombra di una rosa in una pozza d'acqua
as pale as the shadow of a rose in a pool of water

Ma l'Albero gridò all'usignolo;
But the Tree cried to the nightingale;
"Avvicinati, piccolo usignolo, o verrà il giorno prima che la rosa sia finita"
"Press closer, little nightingale, or the day will come before the rose is finished"
Così l'usignolo premette più vicino contro la spina
So the nightingale pressed closer against the thorn
e la sua canzone divenne sempre più forte
and her song grew louder and louder
perché cantava della nascita della passione nell'anima di un uomo e di una cameriera
because she sang of the birth of passion in the soul of a man and a maid

E le foglie della rosa si arrossarono di un rosa delicato
And the leaves of the rose flushed a delicate pink
come il rossore sul volto dello sposo quando bacia le labbra della sposa
like the flush in the face of the bridegroom when he kisses the lips of the bride
Ma la spina non aveva ancora raggiunto il suo cuore
But the thorn had not yet reached her heart
Così il cuore della rosa rimase bianco
so the rose"s heart remained white
Perché solo il sangue di un usignolo può cremisi il cuore di una rosa
because only a nightingale"s blood can crimson the heart of a rose

E l'albero gridò all'usignolo;
And the Tree cried to the nightingale;
"Avvicinati, piccolo usignolo, o verrà il giorno prima che la rosa sia finita"
"Press closer, little nightingale, or the day will come before the rose is finished"
Così l'usignolo premette più vicino contro la spina
So the nightingale pressed closer against the thorn
e la spina le toccò il cuore
and the thorn touched her heart
e una fitta feroce di dolore la attraversò
and a fierce pang of pain shot through her

Amaro, amaro era il dolore
Bitter, bitter was the pain
e Wilder e Wilder ha fatto crescere la sua canzone
and wilder and wilder grew her song
perché cantava dell'amore che si perfeziona con la morte
because she sang of the love that is perfected by death
Ha cantato dell'amore che non muore nella vita
she sang of the love that does not die in life
cantava dell'amore che non muore nel sepolcro
she sang of the love that does not die in the tomb
E la meravigliosa rosa divenne cremisi come la rosa del cielo orientale
And the marvellous rose became crimson like the rose of the eastern sky
Il cremisi era la cintura dei petali
Crimson was the girdle of petals
cremisi come un rubino era il cuore
as crimson as a ruby was the heart

Ma la voce dell'usignolo divenne più debole
But the nightingale"s voice grew fainter
e le sue piccole ali cominciarono a battere
and her little wings began to beat
e un film le è venuto sopra gli occhi
and a film came over her eyes
Fainter e Fainter ha sviluppato la sua canzone
fainter and fainter grew her song
e sentì qualcosa che la soffocava in gola
and she felt something choking her in her throat
Poi ha dato un'ultima esplosione di musica
then she gave one last burst of music

la Luna bianca lo udì, e dimenticò l'alba
the white Moon heard it, and she forgot the dawn
e si attardò nel cielo
and she lingered in the sky
La rosa rossa lo sentì
The red rose heard it
e la rosa tremò di estasi
and the rose trembled with ecstasy
e la rosa aprì i suoi petali all'aria fredda del mattino
and the rose opened its petals to the cold morning air

Eco lo portò nella sua caverna viola sulle colline
Echo carried it to her purple cavern in the hills
e svegliò i pastori addormentati dai loro sogni
and it woke the sleeping shepherds from their dreams
Galleggiava tra le canne del fiume
It floated through the reeds of the river

e i fiumi portarono il suo messaggio al mare
and the rivers carried its message to the sea

"Guarda, guarda!" gridò l'Albero.
"Look, look!" cried the Tree
'La rosa è finita ora'
"the rose is finished now"
ma l'usignolo non rispose
but the nightingale made no answer
perché giaceva morta nell'erba alta, con la spina nel cuore
for she was lying dead in the long grass, with the thorn in her heart

E a mezzogiorno lo studente aprì la finestra e guardò fuori
And at noon the student opened his window and looked out
"Che meravigliosa fortuna! pianse
"What a wonderful piece of luck! he cried
'Ecco una rosa rossa!'
"here is a red rose!"
'Non ho mai visto una rosa come questa'
"I have never seen any rose like it"
"È così bello che sono sicuro che ha un lungo nome latino"
"It is so beautiful that I am sure it has a long Latin name"
Si chinò e colse la rosa
he leaned down and plucked the rose
Poi corse a casa del professore con la rosa in mano
then he ran up to the professor"s house with the rose in his hand

La figlia del professore era seduta sulla porta
The professor"s daughter was sitting in the doorway
Stava avvolgendo seta blu su una bobina
she was winding blue silk on a reel
e il suo cagnolino giaceva ai suoi piedi
and her little dog was lying at her feet
"Hai detto che avresti ballato con me se ti avessi portato una rosa rossa"
"You said that you would dance with me if I brought you a red rose"
'Ecco la rosa più rossa di tutto il mondo'
"Here is the reddest rose in all the world"
'Lo indosserai stasera, accanto al tuo cuore'
"You will wear it tonight, next your heart"
'Mentre balliamo insieme ti dirà quanto ti amo'
"While we dance together it will tell you how I love you"

Ma la ragazza aggrottava le sopracciglia
But the girl frowned
'Ho paura che non andrà con il mio vestito'
"I am afraid it will not go with my dress"
"Comunque, il nipote del Ciambellano mi ha mandato dei veri gioielli"
"Anyway, the Chamberlain"s nephew sent me some real jewels"
"E tutti sanno che i gioielli costano più dei fiori"
"and everybody knows jewels cost more than flowers"
"Beh, sei molto ingrato!" disse lo studente con rabbia.
"Well, you are very ungrateful!" said the Student angrily
e gettò la rosa in strada
and he threw the rose into the street

e la rosa cadde nella grondaia
and the rose fell into the gutter
e una ruota di carro passò sopra la rosa
and a cart-wheel ran over the rose

"Ingrato!" disse la ragazza.
"Ungrateful!" said the girl
"Lascia che ti dica questo; sei molto scortese'
"Let me tell you this; you are very rude"
"E tu chi sei comunque? Solo uno studente!'
"and who are you anyway? Only a Student!"
"Non hai nemmeno fibbie d'argento sulle scarpe"
"You don"t even have silver buckles on your shoes"
"Il nipote del Ciambellano ha scarpe molto più belle"
"The Chamberlain"s nephew has far nicer shoes"
Si alzò dalla sedia ed entrò in casa.
and she got up from her chair and went into the house

"Che cosa sciocca è l'amore" disse lo studente, mentre si allontanava
"What a silly thing Love is" said the Student, while he walked away
"L'amore non è utile la metà della logica"
"love is not half as useful as Logic"
"Perché non prova nulla"
"because it does not prove anything"
'L'amore racconta sempre cose che non accadranno'
"Love always tells of things that won"t happen"
"E l'amore ti fa credere cose che non sono vere"
"and love makes you believe things that are not true"
"In effetti, l'amore è abbastanza poco pratico"

"In fact, love is quite unpractical"

'In quest'epoca essere pratici è tutto'
"in this age being practical is everything"
"Tornerò alla filosofia e studierò la metafisica"
"I shall go back to Philosophy and I will study Metaphysics"
Così tornò nella sua stanza
So he returned to his room
e tirò fuori un grande libro polveroso
and he pulled out a great dusty book
e cominciò a leggere
and he began to read

La fine / The End

www.tranzlaty.com

www.ingramcontent.com/pod-product-compliance
Lightning Source LLC
Chambersburg PA
CBHW020134130526
44590CB00040B/620